Ronald Hartmann

Bergedorf – Spaziergang 1925

Eine Beschreibung für Besucher der Bergedorfer Gartenbauausstellung 1925

Bibliografische Information der Deutschen Nationalbibliothek: Die Deutsche Nationalbibliothek verzeichnet diese Publikation in der Deutschen Nationalbibliografie; detaillierte bibliografische Daten sind im Internet über http://dnb.dnb.de abrufbar.
© 2019 Ronald Hartmann
Illustration: Ronald Hartmann
Herstellung und Verlag: BoD – Books on Demand, Norderstedt

ISBN: 978-3-7481-7295-6

Vorwort:

Eigentlich wollte ich eine kleine Pause mit dem Bücherschreiben einlegen. Als ich vor kurzem alte Unterlagen aus meiner Zeit im genealogischen Verein im Bergedorfer Schloss bei Herrn Richert sichtete (80er Jahre), fielen mir Kopien von fünf eng beschriebenen Seiten über eine Führung durch Bergedorf und Sande in die Hand, die sehr detailliert in Sütterlin beschrieben war.

Ich fand die Beschreibung schon damals so faszinierend, dass ich mir diese kopierte. Da mein Wissen über Bergedorf damals noch nicht sehr ausgeprägt war, verschwanden die Kopien in einem meiner zahlreichen Bergedorf-Ordner und gerieten in Vergessenheit. Jetzt stolperte ich wieder zufällig, beim Aufräumen, über diese Kopien, war fasziniert und letztendlich sehen Sie hier das Ergebnis.

Ich hielt also die eng beschriebenen Seiten, die in der Anlage im Buch abgebildet sind in meinen Händen und versuchte mich erst einmal an einer Übersetzung von Sütterlin in die mir gebräuchliche lateinische Schriftform.

Mit meinem heutigen Wissen über Bergedorf machte ich die Beschreibung der Führung als Kopfkino erneut mit. Ich verschwand in Gedanken praktisch im Bergedorf der 20er Jahre. Der Vorteil meiner

Sammelleidenschaft seit den 80er Jahren bis heute ist, dass jetzt viele alte Bilder vorhanden sind, die die engbeschriebenen Seiten mit neuem Leben füllen.

Irgendwie war ich von der Idee fasziniert, den beschriebenen „Spaziergang" so zu zeigen, als wenn man tatsächlich selbst unterwegs gewesen ist und das Beschriebene gesehen hat.

Kopfkino in Buchform – kann das klappen?

Ich hielt also die Textseiten mit meiner Übersetzung in der Hand und recherchierte erst einmal, wo dieser Bericht seinen Ursprung hatte und welchen Zweck er haben sollte.
Nach längerer Suche fand ich heraus, dass der Text anlässlich der Gartenbauausstellung 1925 in Bergedorf in der Festschrift veröffentlicht wurde und für Besucher und Touristen eine Art „Führer/Guide" darstellen sollte.

Also liebe Leserinnen und Leser, lassen Sie uns gemeinsam einen „Spaziergang" auf den beschriebenen Wegen des unbekannten Verfassers. Ich habe versucht den Originaltext und Schreibstil des Autors in Gänze zu behalten. Einige persönliche Anmerkungen habe ich kursiv mit beigefügt

Quelle:
"Führer durch die Gartenbau-Ausstellung Bergedorf 1925", digitalisiert von der Staats- und Universitätsbibliothek Hamburg, online:

Bergedorfer Spaziergang 1925

Eine detaillierte touristische Beschreibung Bergedorfs
und Sande zur Gartenbauausstellung 1925

1. Kapitel   Bergedorf als Ausflugsort

Wer nach Bergedorf einen Ausflug unternimmt, muß von vornherein
damit rechnen, daß nur fleißiges Beobachten in und um Bergedorf
herum ihm Sehenswertes bieten wird.
So klein Bergedorf und seine Umgebung dem Großstädter und Fremden im ersten Augenblick erscheint, in einem Tage ist es nicht getan.
Man teile sich deshalb die Zeit ein. Wer nur einen oder gar einen halben Tag an Bergedorfs Besichtigung verwenden will, mache folgenden
Rundgang:

Vom Bahnhof kommend, der in seiner Altertümlichkeit und Unmodernheit neuester Verkehrseinrichtung und Bauten etwas eigenartig für den
Fremden anmutet,

Bergedorfer Bahnhof (hinter der alten Post)

schlage man sofort den Weg in die Stadt ein. Der breiten Holstenstraße folgend,

Alte Holstenstraße von Serrahnbrücke Blickrichtung Stadt Hamburg

beachte man gleich zur linken Hand den anmutig gelegenen Mühlenteich der Bille, dann abschließend Teich und Straßenzug linker Hand
das sogenannte Organistenhaus (Geburtshaus des berühmten Komponisten Hasse, geb 1699, gestorben 1783 in London). Hinter dem

alten Organistenhaus die Bergedorfer Kirche (erbaut im 15. Jahrhundert), kein reiner Stil, Andeutungen von Renaissance. Der Kirchturm ist erst später, im 18. Jahrhundert von dem von Hamburger Kirchenbauherrn Sonnin erbaut.

Blick auf St. Petri und Hassehaus

Der Kirche gegenüber auf der rechten Seite der Straße zurückgebaut am Straßeneingang der Kupferhof, daß sogenannte Backhaus (weil hier früher eine Bäckerei betrieben worden ist) mit Holzschnitzereien (Kreuzigungsgruppe). Rechts davon die staatliche Wassermühle, links der frühere Gasthof „Stadt Lübeck", der leider in seiner alten Gestaltung durch Umbauten zerstört ist. Das Haus ist jetzt Eigentum der Stadt und beherbergt neben Mietwohnräumen und Mietsläden den Staatlichen Arbeitsnachweis.

Hotel Stadt Lübeck Höhe Vierlandenstraße

Holstenstraße Blickrichtung Kornwassermühle und Backhaus

Weiter links von „Stadt Lübeck" über den Kuhberg hinüber befindet sich der schön erhaltene Gasthof „Stadt Hamburg", Eigentum des Hamburger Staates. Der Gasthof – früher auch Fürstenhof genannt, weil die reichen Herren und Fürsten dort abstiegen – ist im 17. Jahrhundert (1635) erbaut.

Blick auf Stadt Hamburg

Rechte Seite Kuhberg mit einer Ecke Stadt Lübeck

Von hier aus wende man den Schritt über die Hauptstraße – hier
Große Straße heißend – wieder zum Kirchenplatz (seit 1923 mit
Kirche, Stadt Hamburg und Schloß in die Hamburger Denkmal-
liste eingetragen) und bewundere die Baukunst der Architekten
Diestel und Rück, die es verstanden haben mit vollem Verständnis für die Stadtanlage das neue Pastorat hinter der Kirche einzubauen.

Bergedorf Pastorat

Bergedorf
Billbassin mit Kirche

Unter dem Torbogen (man beachte hier den Grabstein des Hamburger Hauptmanns Dietrich Schreyge, der bei der Erstürmung des Schlosses durch Hamburger und Lübecker Truppen 1420 gefallen ist) durch gelangt man in den Schlossgarten und anschließend in den Schloßhof und das Schloß. Das Schloss, durch Erweiterungsbauten vergrößert, wurde im Anfange des 13. Jahrhunderts von dem dänischen Vasallen Graf Albrecht von Orlamünde erbaut; Bauart Gotik, Material Backsteine. Wer die Zeit daran verwenden will, wende sich an den Kastellan und lasse sich das Landherren- oder Vierländerzimmer zeigen (Delfterwandplatten und reiche Holzeinlegearbeit – Vierländer Intarsienarbeit).

Schlosstor noch ohne Zinnen und Schlossgarten

Bergedorf   Im Schloßgarten

Bergedorfer Schloss mit Mittelturm

Vom Schlosse aus durchquere man den Schlossgarten und überschreite die weiße Brücke.

Die weisse Brücke Höhe Arndtweg

Der Wassergraben ist ein Teil der früheren Schloßbefestigung. Man besichtige den Knickgarten mit Jahn-Denkmal. Dem Jahn-Denkmal gegenüber auf dem Kaiser-Wilhelm-Platz, das Denkmal Kaiser Wilhelm 1. Rechts vom Knickgarten Elektrizitätswerk HEW. Am Ende des Knickgartens ein vor dem Kriege von der Stadt eingerichteter Majolikabrunnen.

Blick Richtung Vinhagenweg

Blick Richtung Arndtweg und Rollschuhbahn

Schlossgarten/Rosengarten, im Hintergrund das Elektrizitätswerk

Folgen wir den Weg weiter schaut das Auge rechts am Reinbeker Weg die katholische Kirche und der Kirche gegenüber das Kriegerdenkmal von 1870/1871.

Verlag BERNH. AMTER, Bergedorf.

Gruss aus Bergedorf.

Man gehe nun den Reinbeker Weg – eine der schönsten Straßen Bergedorfs – hinauf bis zum Bismarckdenkmal, eine Schöpfung des Hamburger Bildhauers Karl Garbers, biege links ab und durchschreite die neue Siedlung der Stadt Bergedorf in dem ehemaligen Bruntschen Park (siehe Kartenkopien in der Anlage).

Bergedorf, Bismarckdenkmal.

Dann in die Goethestraße gelangend, wende man sich nach Osten und biege in die Bismarckstraße, wo man vor der Hansaschulgebäude (Real-, Oberealschule und Gymnasium) stehen bleibt und den Bau des Hamburger Baumeisters Prof. Fritz Schumacher in seiner vollen Wucht, aber doch feingegliedert, wirken lässt. Empfohlen wird eine Innenbesichtigung.

Durch die Bismarckstraße gelangt man wieder in den Reinbeker Weg. Gehe nunmehr in der Richtung links ab nach Reinbek durch das anmutige Bergedorfer Villenviertel in das Bergedorfer Gehölz hinein (Restauration Forsthaus und Bellevue, vornehme Bedienung, gute Küche),

Forsthaus

Bellevue – heute Luisengymnasium

durch das Schießtal, wo alljährlich das Bergedorfer Gewerkschaftsfest und das seit mehr denn 75 Jahren bekannte Bergedorfer Schützenfest abgehalten wird,

Bergedorfer Schützenfest.

Das Tombola-Gebäude   Gruss vom Bergedorfer Schützenfest.

hindurch bis zum Hotel „Billtal" oder „Waldhaus Honig", dann an der Bille entlang bei dem städtischen Wasserwerk (Bergedorf hat einwandfreie, fast keimfreie Wasserversorgung) vorbei bis zur Restauration „Marienburg".

Hotel Billthal

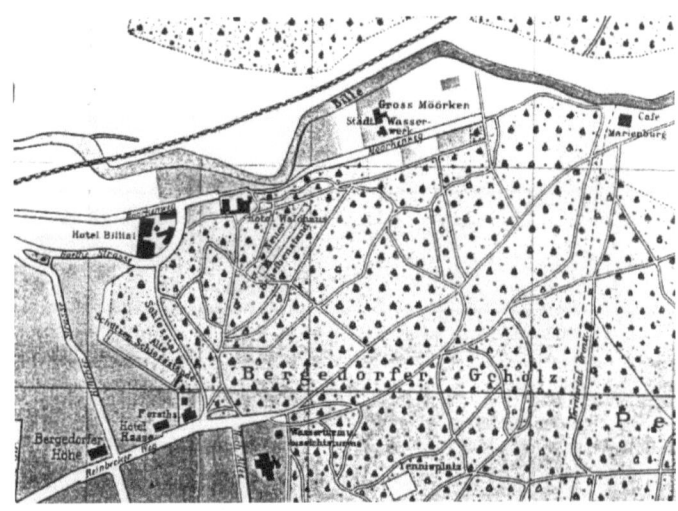

Gruss aus Bergedorf 1/4. 05   Zum Waldhause J. Honig

Auf der Anhöhe mustergülitge Fußballplätze des Bergedorfer Vereins Spiel und Sport. Wandere in einer Viertelstunde den Wentorfer Park (Naturpark) durch bis zur Wentorfer Straße (Restauration Waldschloß, vornehmes Haus mit Doppelkegelbahn. Pipers Patent),

Restauration Waldschloß

dann die Wentorfer Straße – eine der schönsten Straßen Norddeutschlands – abwärts an den vielen herrlichen Villen vorbei bis zur „Villa Messtorff" (Hamburger Großkaufmann – Gummischuhe Harburg-Wien). Das Haus befindet sich im Eigentum der Stadt.

Villa Messtorff

Villa Hohentann
Bergedorf
bei
Hamburg

Villa Messtorff/Hohentann

Villa Hohentann   Bergedorf bei Hamburg

Der 20.000 qm große Park ist das Gelände der Gartenbauausstellung 1925.

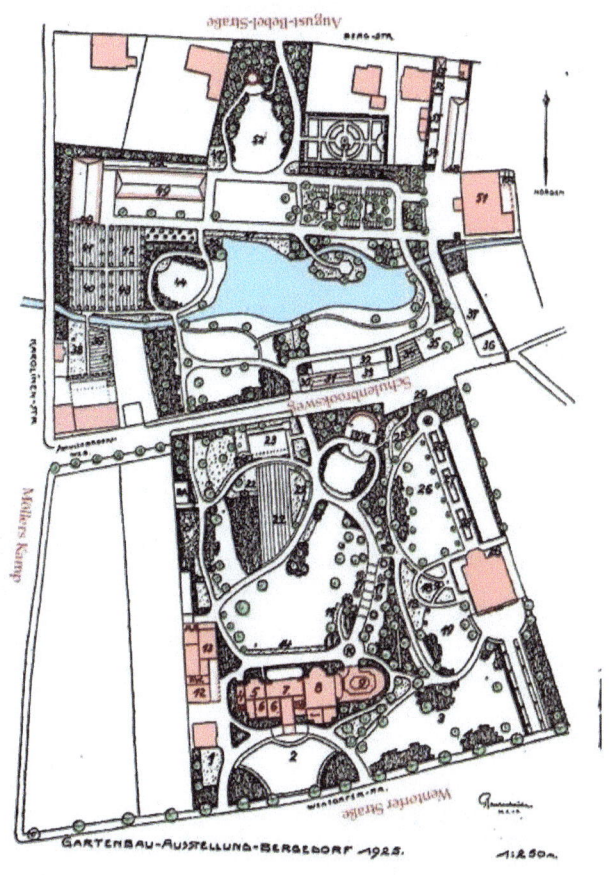

GARTENBAU-AUSSTELLUNG-BERGEDORF 1925.

Später wird der Park Volkspark werden und das Haus zum Bergedorfer Rathaus umgebaut; an der rechten Seite der Straße befindet sich einige hundert Meter weiter der Stadt zu, das jetzige Stadthaus. Ursprünglich als Schule in den 80er Jahren (Hansaschule) erbaut, dient es heute der Stadtverwaltung als Unterkunft.

Bergedorf, Wentorferstrasse

Nach erfolgtem Umbau des Meßtorfschen Hauses zum Rathaus, wird es seiner ursprünglichen Aufgabe, als Schulgebäude zu dienen, wieder zugeführt werden (Bergedorfer Berufsschule und die Bergedorfer Hilfsschule).

Über den Mohnhof hinweg gelangen wir auf den Brink (zweimal in der Woche Wochenmarkt). Der Brink ist die älteste Ansiedlung Bergedorfs.Hier befand sich die erste Kirche und der erste Kirchhof des Ortes. Kapelle des heiligen Kreuzes. Das Haus des Photographen Peters am Brink ist das Geburtshaus der Schriftstellerin Ida Boy-Ed. Dem Hause schräg gegenüber liegt Bergedorf älteste Volksschule.

Markt am Brink

Den Weg fortsetzend, kommt man in die mit Kastanien bepflanzte Brunnenstraße.

Brunnenstraße Abzweig Bergstraße

Heutige Holtenklinker Str. vor dem Belami, rechts vorne Abzweig Bergstr.

Hier geht man bis zu Ecke Bergstraße (Geschäfts- und Wohnhaus der Konsum- und Baugenossenschaft „Produktion", erbaut 1908), folgt der Bergstr. und betrachtet sich am Ende der Bergstraße die schöngebaute Volksschule (Birkenhainschule, Doppelhaus).

Bergedorf, die neue Stadtschule am Birkenwäldchen.

Von der Schule aus geht man nach dem am Abhange des Gojenberges liegenden alten Friedhofe; anschließend daran findet man in der Richtung nach Osten das Bergedorfer Staatskrankenhaus (70 Betten, 1.–3. Klasse, leitender Arzt Physikus Dr. Bohne, Beratungsstellen für Tuberkoloseerkrankte, Geschlechtskranke und Säuglingspflege, ferner Isolierbaracke für ansteckende Krankheiten, Erweiterungsmöglichkeiten um das Doppelte). Im Garten befindet sich der alte israelitische Friedhof.

Bergedorf. Staats Krankenhaus.

späteres Allgemeines Krankenhaus

In der Richtung weiter nach Osten erreicht man dann die in den Jahren 1904 – 1907 erbaute Hamburger Sternwarte, Besichtigung nur nach Anmeldung.

Blick auf das Gelände der Sternwarte

Hinter der Sternwarte liegt der neue Bergedorfer Friedhof, angelegt nach den Entwürfen und Plänen des Hamburger Friedhofsdirektor Cordes. Der Friedhof ist einer der ersten Sehenswürdigkeiten der Stadt und bietet reichliche Gelegenheiten zur wundervollen Fernsicht bis nach der Harburger Haake auf der einen und nach Lüneburg auf der anderen Seite. Außerdem Ruheplätze für Verstorbene mit herrlichen Bildhauerarbeiten in

Sternwarte

sogenannten Waldgräbern. Im Rosengarten befindet sich das Ehrenmal der im Weltkrieg gefallenden Bergedorfer Kriegsteilnehmer, ein Werk des Hamburger Bildhauers Gustav Wield.

Vom Friedhof gehe man den Abhang hinunter bis zum Bahnhofe Holtenklinke.

Bergedorf. Anlagen b. d. Sternwarte.

Besteige den von Geesthacht kommenden Zug und fahre bis zum Bahnhof-Süd der Bergedorf-Geesthacher Eisenbahn.

Am Bahnhof Restaurationen mit großen Sälen „Portici" Inh. F. Weber, „Colosseum" Inh. F. Hausse und „Hitschers Gesellschaftshaus" Inh. F. Hitscher. Dem neuen Bahnhof gegenüber liegt der alte Bahnhof der 1842 erbauten Bahn Hamburg-Bergedorf-Boizenburg. Der Bahnhof, der jetzt von der Hamburger Baudeputation benutzt wird, dürfte der älteste Bahnhofsbau Deutschlands sein.

Baumanns / Hitschers
Gesellschaftshaus
50

Neuer Weg 19 (Neue Straße 24)
Anfang des 19.Jhd. Gastwirtschaft Malchau, ab 1842
auch "Eisenbahnhalle" genannt, danach Baumann, nach
dem 1.Weltkrieg Hitscher, abgerissen für den Bau der
Bergedorfer Straße, jetzt Wohn-und Geschäftshaus.

Quelle: Bergedorfer Schloss

Colosseum (Quelle: Bergedorf Blog)

Wir gehen nunmehr durch die Neue Straße bis zur Hauptstraße (hier Sachsenstraße) genannt und wenden uns wieder dem Bahnhof zu.

Neuestrasse

An der sogenannten Sachsenbrücke befindet sich die engste Stelle der Hauptstraße. Trotz der Gefahr des Anrennens bleiben wir stehen und betrachten links die malerischen Partien der Hinterseite der Häuser der Hude am Blickgraben. Im Hauptstraßenzug gehen wir weiter und finden dem Warenhause Biebler gegenüber das Geburthaus des Ratmanns Soltau (Gelehrter und Schriftsteller, Übersetzer des Don Quichotte und Verfasser von Reinicke Fuchs. Starb 1827 in Lüneburg.

Blick in die Hude Quelle BZ

Holstenstrasse mit Kaufhaus Biebler

Weiter im Straßenzug gelangen wir zur Serrahnsbrücke. Hier ist die Stelle, wo die bei Trittau entspringende Bille in den Schleusengraben eintritt, durch den Schleusengraben in ihrem natürlichen Laufe durch die Landgemeinde Billwärder gehindert und statt in Hamburg der großen Elbe bei Allermöhe der Dove-Elbe zugeführt wird. Neben den Bergedorfer Hafenanlagen befindet sich hier und an der in der Nähe sich befindlichen Kampchaussee die Bergedorfer Industrie.

Schleussengraben — Bergedorf

Serrahnschleusenbrücke

Bergedorf — Schleusengraben

Außer Glas- und Lederindustrie, Stuhlrohrfabriken, Obstsiedereien, Kufekes Kindermehl, Asbestwebereien und Metallwarenfabriken finden wir auch die Gasanstalt der Stadt Hamburg.

Blick Richtung Bergedorf   Quelle: Bergedorfer Str. Hausnr. 66

Nach der Serrahnbrücke zurückgekehrt, finden wir dann am Bahnhof noch das in Backsteinen errichtete Reichspostgebäude.

Bergedorf, Kampstrasse m. Post u. Bank.

02. Kapitel   Wanderung durch Sande

Wer Bergedorf durchwandert hat, wird es sich nicht nehmen lassen, den mit Bergedorf gemeinsam ein Wirtschaftsgebiet bildenden Nachbarort Sande zu besichtigen. Mit seinen zirka 7000 Einwohnern bildet er eine wesentliche Ergänzung des hiesigen Wohnbezirks. Sande liegt auf preußischem Gebiet. Man überschreitet die Eisenbahngeleise oder gehe durch die Tunnelunterführung von Bergedorf nach Sande die Hauptstraße entlang bis zur Heinrichstraße.

Blick nach Sande (Heute Eisenbahnbrücke)

Fußgängertunnel zur Unterquerung der Bahngleise

Links abbiegend gelangt man, den Ortsteil „Budapest" durchschreitend, zu dem vor 5 Jahren seitens der Gemeinde groß angelegten Spiel- und Sportplatz. Der Platz ist rings von Tannenholz umgeben, wodurch neben dem eigenartigen Reiz der Anlage eine fast vollständige Staubfreiheit gewährleistet ist. Der Platz ist ein Schmuckstück des jungen aufstrebenden Ortes.
Hinter dem Spielplatz, nach Westen zu, liegt der Ortsteil „Ladenbek" – im Volksmund spöttisch auch als „Festung Ladenbek" bekannt. Vom Sport-

platz wandern wir durch die Sander Tannen, besichtigen mit vorher einge-holter Genehmigung des Gemeindevorstehers die direkt beim Sportplatz gelegenen Wasserwerksanlagen, die eine einwandfreie Trinkwasserver-sorgung gewährleisten und steigen dann hinauf zum Wasserturm, der in-mitten des Sander Tannengehölzes gelegen ist (Restauration Wasser-turm).

Wasserturm

Vom Wasserturm (Aufsteigegebühr 10 Reichspfennig beim Wirt), hat man über Sande-Bergedorf einen wundervollen Überblick und ferner einen ausgezeichneten Weitblick nach allen Richtungen der Windrose.

Vom Wasserturm weiter wandernd versäume man nicht die an den Tannen liegende Siedlung der Gemeinde zu besichtigen. (zum Teil durch
Selbsthilfe der Siedlungsgenossenschaft „Selbsthilfe" errichtet). Von der
Siedlung wendet man zweckmäßigerweise seine Schritte dem kleinen,
aber geschmackvoll angelegten Friedhofe zu.

Sande. Kirche m. Kapelle und Pastorenhaus.

Er bildet neben der Erlöserkirche, die im gothischen Stil gehalten ist (die bunten Glasfenster sind eine Schenkung des verstorbenen Kommerzienrats Wilhelm Bergner, des Gründers des Bergedorfer Eisenwerks), eine Zierde des Ortes. Recht geschmackvoll im Bau gehalten sind auch die Kapelle des Friedhofes und des Mausoleums des Fabrikanten Bergner.

Von der Kirche abwendend, schreite man die Hamburger Straße abwärts an dem links gelegenen Gemeindehause (Sitz des Amtvorstehers) vorbei, nach dem architektonisch stilgerecht angelegten Marktplatz des Ortes.

SANDE b. Bergedorf   Hamburger Straße

Hamburger Strasse (heute Lohbrügger Landstrasse)

Links findet man das Jahndenkmal (Findling) und im Hintergrund eine Friedenseiche von 1870/1871. In der Schulstraße befinden sich die Schul-häuser einer voll ausgebauten 8klassigen Volksschule (Doppelschule).

Die Friedenseiche auf dem Marktplatz

Der Schulstraße folgend, gelangt man weiter zum ältesten Teil des Ortes, dem Ortsteil Lohbrügge. Wer von hier aus den Weg (eine halbe Stunde) nicht scheuen will, gelangt zu dem Alten- und Kinderheim der Gemeinde (jetzt Bezirksfürsorgeverband). Der Besuch wird belohnt durch den Einblick in ein harmonisches Zusammenleben zwischen Alten, Kindern und Ökonom. Ein Erfolg des Ökonomen und der Gemeindeverwaltung. Von Lohbrügge schreitet man durch die Wilhelmstraße. Macht schnell einen

Abstecher an den Strand der Bille und besichtigt die schön angelegte Freibadeanstalt der Gemeinde.

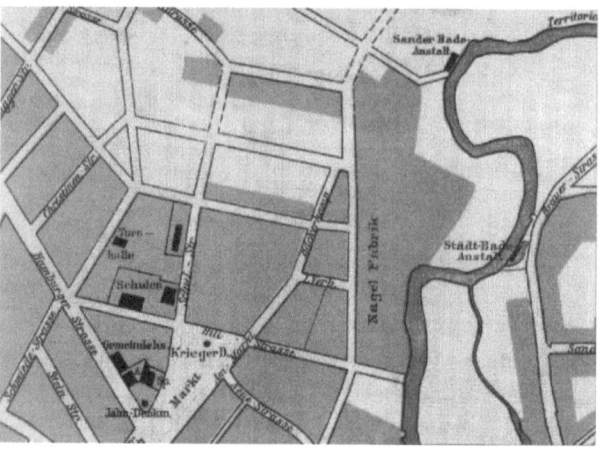

An den beiden großen Industriewerken des Ortes der „Bergedorfer Nagelfabrik" und dem „Bergedorfer Eisenwerk" vorbei, gelangt man wieder in
die Hauptstraße und findet hier das Ehrenmal der gefallenen Kriegsteilnehmer des Bergedorfer Eisenwerks aus den Jahren 1914/1918.

Bergedorfer Eisenwerk Astra-Werke

Von hier aus richte man den Schritt der Bahn zu, überschreite den Bahnkörper und man befindet sich wieder auf Bergedorfer Gebiet.

So, liebe Leserinnen und Leser, ich hoffe, Ihnen hat der „Spaziergang"
quer durch Bergedorf und Sande gefallen.

Beeindruckt bin ich von der umfangreichen Strecke die beschrieben und
zurückgelegt wurde, wie aber auch diese Selbstverständlichkeit vermittelt
wird in den Fabriken, Krankenhäusern oder Schulen einen Besichtigungs-
termin zu erfragen. Heute ist so etwas fast undenkbar.

Interessant ist dabei für mich, dass es scheinbar keine Wertigkeiten von
Sehenswürdigkeiten gab. Kultur war genauso wichtig wie Geschichte oder
der technische Fortschritt. Eine interessante Sichtweise.

Es amüsiert gerade im Hinblick auf heutige Diskussionen, das auf den al-
tertümlichen, unmodernen Bahnhof hingewiesen wird. Bergedorfer sind
halt von je her schon immer etwas anders gewesen und haben ihre traditi-
onellen Bauwerke geliebt. 10 Jahre (1936/1937) später wurde das beschriebene alte Bauwerk dann aber auch durch ein neues Gebäude – der
uns noch bekannte Vorgänger vom jetzigen Bahnhof - ersetzt.

Auch der Luxus zweier Badeanstalten (Sande und Reetwerder) an der
Bille ist im Gegensatz zu heute kaum noch vorstellbar.

Neue geheimnisvolle Ecken oder Begriffe wie der Ortsteil Budapest, dem
Bruntschen Park oder einer Apostelkirche am Brink sind mir unbekannt
und machen Lust auf weiteres recherchieren.

Vielleicht hat jemand auch noch Kenntnisse und Infos hierzu. Ich freue
mich über Hinweise, Bilder und Fotos.

Lieber unbekannter Verfasser, vielen Dank für die schöne Beschreibung des Spaziergangs durch Bergedorf und Sande, dem durch die Bilder ein neues Leben eingehaucht werden konnte.

Ich habe versucht mich bei der Auswahl der Bilder auf Fotos/Ansichtskarten aus der Zeit um 1925 und früher zu beschränken, um einigermaßen authentisch passend zu bleiben und genau das Flair dieser Zeit einzufangen.

Zu manchen Passagen hätte ich gerne noch weitere Bilder beigesteuert aber ich habe darauf verzichtet, da sie nicht aus dieser beschriebenen Zeit stammten.

Der Ursprungstext in Sütterlin Originaltext

Bergedorf als Ausflugsort.

Wer nach Bergedorf einen Ausflug unternimmt, muß von vornherein damit rechnen, daß nur fleißiges Beobachten in und um Bergedorf herum ihm Sehenswertes bieten wird. So klein Bergedorf und seine Umgebung dem Großstädter und Fremden im ersten Augenblick erscheint, in einem Tage ist es nicht getan. Man teile sich deshalb die Zeit ein. Wer nur einen oder gar einen halben Tag an Bergedorfs Besichtigung verwenden will, mache folgenden Rundgang: Vom Bahnhof kommend, der in seiner Altertümlichkeit und Unmodernheit neuester Verkehrseinrichtungen und Bauten etwas eigenartig für den Fremden anmutet, schlage man sofort den Weg in die Stadt ein. Der breiten Holstenstraße folgend, beachte man gleich zur linken Hand den anmutig gelegenen Mühlenteich der Bille, dann abschließend Teich und Straßenzug linker Hand das sogen. Organistenhaus (Geburtshaus des berühmten Komponisten Hasse, geb. 1699, gest. 1783 in London). Hinter dem alten Organistenhaus die Bergedorfer Kirche (erbaut im 15. Jahrhundert, kein reiner Stil, Andeutungen von Renaissance. Der Kirchturm ist erst später, im 18. Jahrhundert von dem Hamburger Kirchenbauherrn Sonnin erbaut.). Der Kirche gegenüber auf der rechten Seite der Straße, zurückgebaut am Straßeneingang Kupferhof, das sogen. Backhaus (weil hier früher eine Bäckerei betrieben worden ist) mit Holzschnitzereien (Kreuzigungsgruppe). Rechts davon die staatliche Wassermühle, links der frühere Gasthof „Stadt Lübed" der leider in seiner alten Gestaltung durch Umbauten zerstört ist. Das Haus ist jetzt Eigentum der Stadt und beherbergt neben Mietswohnräumen und Mietsläden den Staatlichen Arbeitsnachweis. Weiter links von „Stadt Lübed" über den Kubberg hinüber liegt der schön erhaltene Gasthof „Stadt Hamburg", Eigentum des Hamburger Staates. Der Gasthof — früher auch Fürstenhof genannt, weil die reichen Herren und Fürsten dort abstiegen — ist im 17. Jahrhundert (1635) erbaut. Von hier aus wende man den Schritt über die Hauptstraße — hier Große Straße heißend — wieder zum Kirchenplatz (seit 1923 mit Kirche, „Stadt Hamburg" und Schloß in die Hamburger Denkmalsliste eingetragen) und bewundere die Baukunst der Architekten Distel und Rück, die es verstanden haben, mit vollem Verständnis für die Stadtanlage das neue Pastorat hinter der Kirche einzubauen. Unter dem Torbogen (man beachte hier den Grabstein des Hamburger Hauptmannes Dietrich Schrevge, der bei der Erstürmung des Schlosses durch Hamburger und Lübeker Truppen 1420 gefallen ist) durch gelangt man in den Schloßgarten und anschließend in den Schloßhof und das Schloß. Das Schloß, durch Erweiterungsbauten vergrößert, wurde im Anfange des 13. Jahrhunderts von dem dänischen Vasallen Graf Albrecht von Orlamünde erbaut; Bauart

69

Gotik, Material Backsteine. Wer die Zeit daran wenden will, wende sich an den Kastellan und lasse sich das Landherren- oder Vierländerzimmer zeigen (Deisterwandplatten und reiche Holzeinlegearbeit — Vierländer Intarsienarbeit). Vom Schlosse aus durchdauere man den Schloßgarten und überschreite die weiße Brücke. Der Wassergraben ist ein Teil der früheren Schloßbefestigung. Man besichtige den Knickgarten mit Jahn-Denkmal. Dem Jahn-Denkmal gegenüber auf dem Kaiser-Wilhelm-Platz das Denkmal Kaiser Wilhelm I. Rechts vom Knickgarten das Elektrizitätswerk HEW. Am Ende des Knickgartens ein vor dem Kriege von der Stadt errichteter Majolikabrunnen. Folgen wir den Weg weiter, schaut das Auge rechts am Reinbeker Weg die katholische Kirche und der Kirche gegenüber das Kriegerdenkmal von 1870/71. Man gehe nun den Reinbeker Weg — eine der schönsten Straßen Bergedorfs — hinauf bis zum Bismarck-Denkmal, eine Schöpfung des Hamburger Bildhauers Karl Garbers, biege links ab und durchschreite die neue Siedlung der Stadt Bergedorf in dem ehemaligen Bruntschen Park. Dann in die Goethestraße gelangend, wende man sich nach Osten und biege ein in die Bismarckstraße, wo man vor dem Hansaschulgebäude (Real-, Oberrealschule und Gymnasium) stehen bleibt und den Bau des Hamburger Baumeisters Prof. Fritz Schumacher in seiner vollen Wucht, aber doch feingegliedert, auf sich wirken läßt. Empfohlen wird Innenbesichtigung. Durch die Bismarckstraße gelangt man wieder in den Reinbeker Weg. Gehe nunmehr in der Richtung links ab nach Reinbek durch das anmutige Bergedorfer Villenviertel in das Bergedorfer Gehölz hinein (Restauration Forsthaus und Bellevue, vornehme Bedienung, gute Küche) durch das Schießtal, wo alljährlich das Bergedorfer Gewerkschaftsfest und das seit mehr denn 75 Jahren bekannte Bergedorfer Schützenfest abgehalten wird, hindurch bis zum Hotel „Billtal" oder „Waldhaus Honig", dann an der Bille entlang bei dem städtischen Wasserwerk (Bergedorf hat einwandfreie, fast keimfreie Wasserversorgung) vorbei bis zur Restauration „Marienburg". Auf der Anhöhe mustergültige Fußballplätze des Bergedorfer Vereins Spiel und Sport. Wandere in einer Viertelstunde den Wentorfer Park (Naturpark) durch bis zur Wentorfer Straße (Restauration „Waldschloß", vornehmes Haus und Doppelkegelbahn — Pipers Patent), dann die Wentorfer Straße — eine der schönsten Straßen Norddeutschlands — abwärts an den vielen herrlichen Villen vorbei bis zur Villa Meßtorf (Hamburger Großkaufmann — Gummischuhe Harburg-Wien). Das Haus befindet sich jetzt im Eigentum der Stadt. Der 20 000 Quadratmeter große Park ist das Gelände der Gartenbauausstellung Bergedorf 1925. Später wird der Park Volkspark werden und das Haus zum Bergedorfer Rathaus umgebaut; an der rechten Seite der Straße befindet sich einige hundert Meter weiter der Stadt zu das jetzige Stadthaus. Ursprünglich als Schule in den 80er Jahren (Hansaschule) erbaut, dient es heute der Stadtverwaltung als Unterkunft. Nach erfolgtem Umbau des Meßtorfschen Hauses zum Rathaus wird es seiner ursprünglichen Aufgabe, als Schulgebäude zu dienen, wieder zugeführt werden (Bergedorfer Berufsschule und die Bergedorfer Hilfsschule). Ueber den Mohnhof hinweg gelangen wir auf den Brink (zweimal in der Woche Wochenmarkt). Der Brink ist die älteste Ansiedlung Bergedorfs. Hier befand sich die erste Kirche und der erste Kirchhof des Ortes. Kapelle des heiligen Kreuzes. Das Haus des Photographen Peters am Brink ist das Geburtshaus der Schriftstellerin Ida Boy-Ed. Dem Hause schräg gegenüber liegt Bergedorfs älteste Volksschule. Den Weg fortsetzend, kommt man in die mit Kastanien bepflanzte Brunnenstraße. Hier geht man bis zur Ecke Bergstraße (Geschäfts- und Wohnhaus der Konsum- und Baugenossenschaft „Produktion", erbaut 1908), folgt der Bergstraße und betrachtet sich am Ende der Bergstraße die schöngebaute Volksschule (Birkenhainschule, Doppelhaus). Von der Schule aus geht man nach dem am Abhange des Gojenberges liegenden alten Friedhofe; anschließend daran findet man in der Richtung nach Osten das Bergedorfer Staatskrankenhaus (70 Betten 1. bis 3. Klasse, leitender Arzt Physikus Dr. Bohne, Beratungsstellen für Tuberkuloseerkrankte, Geschlechtskranke und Säuglingspflege, ferner Isolierbaracke für ansteckende Krankheiten, Erweiterungsmöglichkeit um das Doppelte). Im Garten des Krankenhauses befindet der alte israelitische Friedhof. In der Richtung weiter nach Osten erreicht man dann die in den Jahren 1904 bis 1907 erbaute Hamburger Sternwarte. Besichtigung nur nach vorheriger Anmeldung. Hinter der Sternwarte liegt der neue Bergedorfer Friedhof, angelegt nach den Plänen und Entwürfen des Hamburger Friedhofsdirektors Cordes. Der Friedhof ist eine der ersten Sehenswürdigkeiten der Stadt und bietet reichliche Gelegenheit zur wundervollen Fernsicht bis nach der Harburger Haake auf der einen und nach Lüneburg auf der anderen Seite. Außerdem Ruheplätze für Verstorbene mit herrlichen Bildhauerarbeiten in sogen. Waldgräbern. Im Rosengarten befindet sich das Ehrenmal für die im Weltkrieg gefallenen Bergedorfer Kriegsteilnehmer, ein Werk des Hamburger Bildhauers Gustav Wield. Vom Friedhof gehe man den Abhang hinunter bis zum Bahnhof Holtenklinke. Besteige den von Geesthacht kommenden Zug und fahre bis zum Bahnhof-Süd der Bergedorf-Geesthachter Eisenbahn. Am Bahnhof Restaurationen mit großen Sälen, „Portici", Inh. F. Meyer, „Colosseum", Inh. F. Hausse, und „Hitschers Gesellschaftshaus", Inh. F. Hitscher. Dem neuen Bahnhof gegenüber befindet sich der alte Bahnhof der 1842 erbauten Bahn Hamburg-Bergedorf-Boizenburg. Der Bahnhof, der jetzt von der Hamburger Baudeputation benutzt wird, dürfte der älteste Bahnhofsbau in Deutschland sein. Wir gehen nunmehr durch die Neue Straße bis zur Hauptstraße (hier die Sachsenstraße genannt) und wenden uns wieder dem Bahnhof zu. An der sogen. Sachsenbrücke befindet sich die engste Stelle der Hauptstraße. Trotz der Gefahr des Anrennens bleiben wir stehen und betrachten links die malerischen Partien der Hinterseite der Häuser der Hude am Blickgraben. Im Hauptstraßenzug gehen wir weiter und finden dem Warenhause Siebler gegenüber das Geburtshaus des Ratmanns

71

Soltau (Gelehrter und Schriftsteller, Ueberseter des Don Quichotte und Verfasser von Reinicke Fuchs. Starb 1827 in Lüneburg.) Weiter im Straßenzug gelangen wir zur Serrahnsbrücke. Hier ist die Stelle, wo die bei Trittau entspringende
Bille in den Schleusengraben eintritt, durch den Schleusengraben in ihrem natürlichen Laufe durch die Landgemeinde
Billwärder gehindert und statt in Hamburg der großen Elbe
bei Allermöhe der Dove-Elbe zugeführt wird. Neben den Bergedorfer Hafenanlagen befindet sich hier und an der in der Nähe
sich befindenden Kampchaussee die Bergedorfer Industrie. Außer
Glas- und Lederindustrie, Stuhlrohrfabriken, Obstsiedereien, Ru-
sekes Kindermehl, Asbestwebereien und Metallwarenfabriken
finden wir hier auch die Gasanstalt der Stadt Bergedorf. Nach
der Serrahnsbrücke zurückgekehrt, finden wir dann am Bahnhof
noch das in Backsteinen errichtete Reichspostgebäude.

Wanderung durch Sande.

Wer Bergedorf durchwandert hat, wird es sich nicht nehmen
lassen, den mit Bergedorf gemeinsam ein Wirtschaftsgebiet
bildenden Nachbarort Sande zu besichtigen. Mit seinen zirka
7000 Einwohnern bildet er eine wesentliche Ergänzung des
hiesigen Wohnbezirks. Sande liegt auf preußischem Gebiet. Man
überschreitet die Eisenbahngeleise oder gehe durch die Tunnelunterführung von Bergedorf nach Sande die Hauptstraße entlang bis zur Heinrichstraße. Links abbiegend, gelangt man,
den Ortsteil „Budapest" durchschreitend, zu dem vor 5 Jahren
seitens der Gemeinde groß angelegten Spiel- und Sportplatz.
Der Platz ist rings von Tannenholz umgeben, wodurch neben
dem eigenartigen Reiz der Anlage eine fast vollständige Staubfreiheit gewährleistet ist. Der Platz ist ein Schmuckstück des
jungen aufstrebenden Ortes. Hinter dem Spielplatz, nach Westen
zu, liegt der Ortsteil Ladenbek — im Volksmund spöttisch auch
als „Festung Ladenbek" bekannt. — Vom Sportplatz wandern
wir durch die Sander Tannen, besichtigen mit vorher eingeholter
Genehmigung des Gemeindevorstehers die direkt beim Sportplatz belegenen Wasserwerksanlagen, die eine einwandfreie
Trinkwasserversorgung der Gemeinde gewährleisten, und steigen
dann hinauf zum Wasserturm, der inmitten des Sander Tannengehölzes gelegen ist (Restauration Wasserturm). Vom Wasserturm (Besteigegebühr 10 ₰ beim Wirt) hat man über Sande-
Bergedorf einen wundervollen Ueberblick und ferner einen ausgezeichneten Weitblick nach allen Richtungen der Windrose.
Vom Wasserturm weiter wandernd, versäume man nicht die an
den Tannen belegene Siedlung der Gemeinde zu besichtigen.
(Zum Teil durch Selbsthilfe der Siedlungsgenossenschaft „Selbsthilfe" errichtet.) Von der Siedlung wendet man zweckmäßigerweise seine Schritte dem kleinen, aber geschmackvoll angelegten
Friedhofe zu. Er bildet neben der Erlöserkirche, die im gothischen Stil gehalten ist (die bunten Glasfenster sind eine Schenkung des verstorbenen Kommerzienrats Wilhelm Bergner, des
Gründers des Bergedorfer Eisenwerks A.-G.) eine Zierde des
Ortes. Recht geschmackvoll im Bau gehalten sind auch die Kapelle des Friedhofes und das Mausoleum des Fabrikanten

72

Bergner. Von der Kirche abwendend, schreite man die Hamburger Straße abwärts an dem links gelegenen Gemeindehause (Sitz des Amtsvorstehers) vorbei, nach dem architektonisch stilgerecht angelegten Marktplatz des Ortes. Links findet man das Jahn-Denkmal (Findling) und im Hintergrund eine Friedenseiche von 1870/71. In der Schulstraße befinden sich die Schulhäuser einer voll ausgebauten 8klassigen Volksschule (Doppelschule). Der Schulstraße folgend, gelangt man weiter zum ältesten Teil des Ortes, dem Ortsteil Lohbrügge. Wer von hier aus den Weg (eine halbe Stunde) nicht scheuen will, gelangt zu dem Alten- und Kinderheim der Gemeinde (jetzt Bezirksfürsorgeverband). Der Besuch wird belohnt durch den Einblick in ein harmonisches Zusammenleben zwischen Alten, Kindern und Oekonom. Ein Erfolg des Oekonomen und der Gemeindeverwaltung. Von Lohbrügge schreitet man durch die Wilhelmstraße. Macht schnell einen Abstecher an den Strand der Bille und besichtigt die schön angelegte Freibadeanstalt der Gemeinde. An den beiden großen Industriewerken des Ortes, der „Bergedorfer Nagelfabrik" und dem „Bergedorfer Eisenwerk A.-G." vorbei, gelangt man wieder in die Hauptstraße und findet hier das Ehrenmal der gefallenen Kriegsteilnehmer des „Bergedorfer Eisenwerks A.-G." aus den Jahren 1914/18. Von hier aus richte man den Schritt der Bahn zu, überschreite den Bahnkörper und man befindet sich wieder auf Bergedorfer Gebiet.

73

Wer weniger Zeit hat, schreite den Grasweg aufwärts, an dem katholischen Waisenhaus vorbei, bis zum Heinrich-Heine-Weg hinauf (städtische Siedlung). Hier auf dem ehemaligen Brunt=schen Park hat die Stadt im Jahre 1921 eine mustergültige Siedlung (Kleinwohnhausbau) errichtet. Drei verschiedene Bau=arten der Wohnhäuser geben dem Beschauer Gelegenheit, sich da=von zu überzeugen, daß Abwechslungen im Kleinwohnhausbau es ermöglichen, derartige Wohnungen auch in eine städtebau=liche Umgebung zu stellen, die bereits vorher dem Stadtteil eine ganz bestimmte Prägung gegeben hat. Durchschreitet man

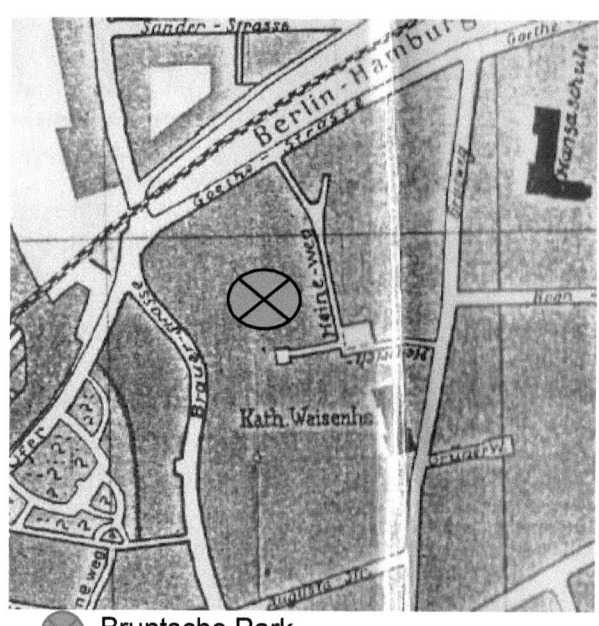

Bruntsche Park

Infomaterial zum „Spaziergang"

Diverse Straßenkarten und Ausschnitte
Originalkopien des „Spaziergangs" aus dem Programm der Gartenbauausstellung 1925

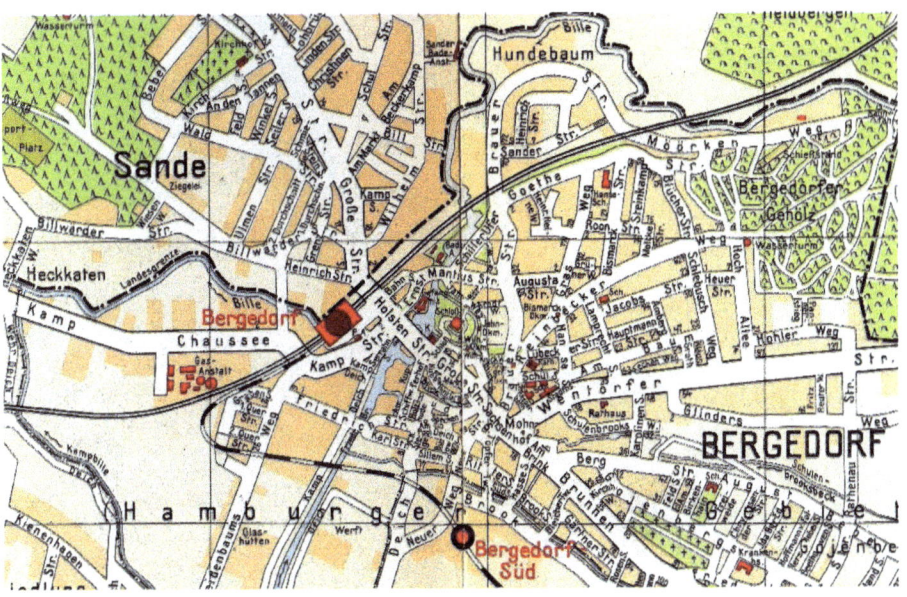

Karte 1928

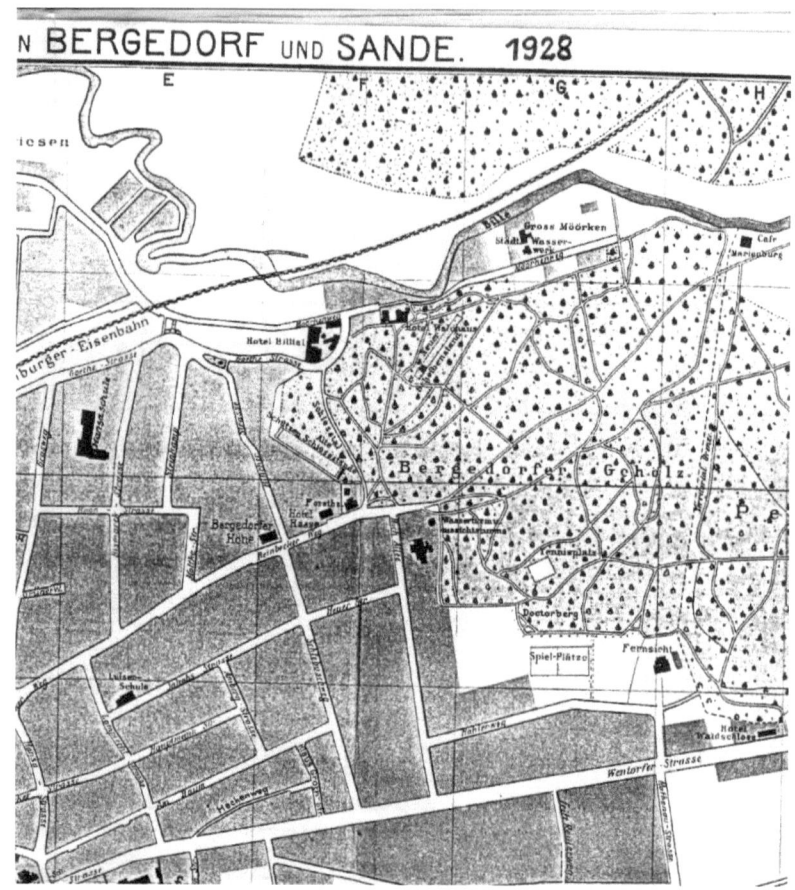

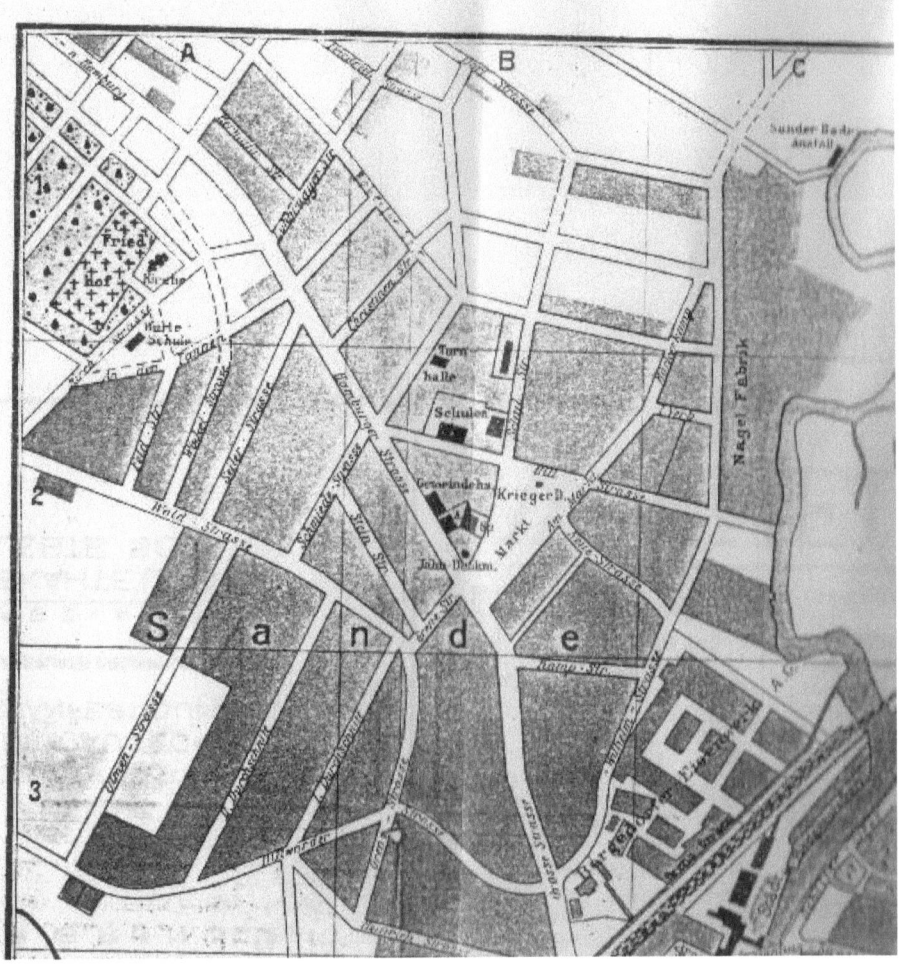

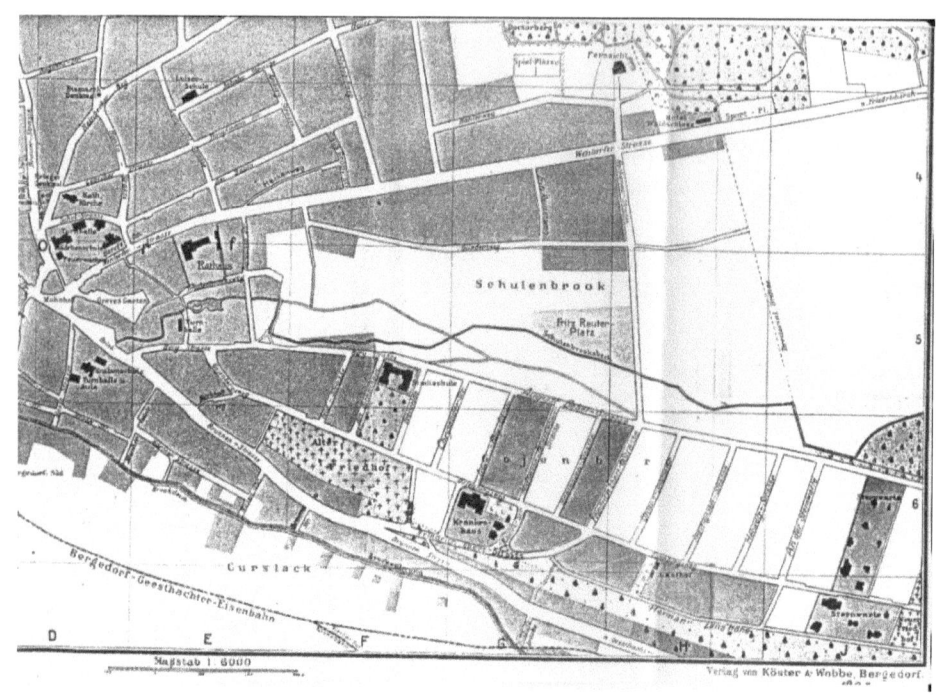

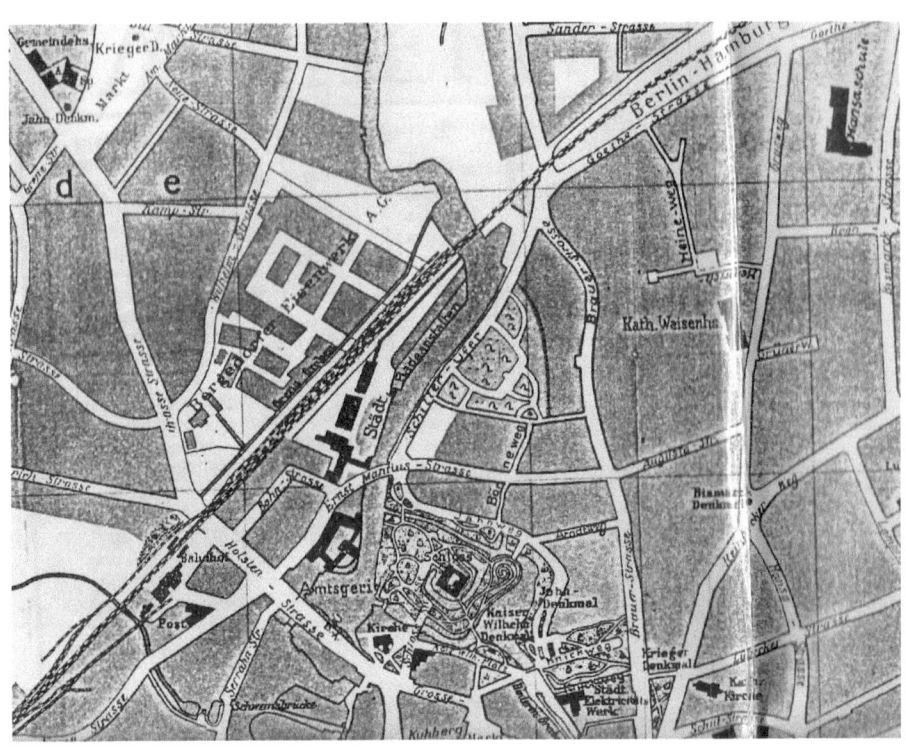

Innenstadt Kuhberg Blickgraben

Zu guter Letzt oder wie Otto Waalkes einmal sagte:

„einen hab ich noch……."

In dieser schönen Festzeitschrift zur Gartenbauausstellung 1925 gab es nicht nur Beschreibungen dieses Spazierganges, sondern auch Tipps für einen mehrtägigen Aufenthalt in Bergedorf, mit Ausflugsmöglichkeiten in die nähere Umgebung.

Ausflüge in die Umgebung Bergedorfs
Bergedorf-Reinbek-Wohltorf-Aumühle-Friedrichsruh

In einem Tage kann man bequem eine Wanderung von Bergedorf über Reinbejk Wohltorf, Aumühle nach Friedrichsruh ausführen. Rückkehr mit der Eisenbahn von Friedrichsruh bis Bergedorf. Man gehe durch das Bergedorfer Gehölz an der Marienburg und Jägersbronnen (Ausflugslokal mit Bootsvermietung) vorbei

nach der Billenkolonie Neu-Wentorf. Hinter dem Restaurant Weidmannsheil gehe man entweder an der Bahn Bergedorf-Friedrichsruh entlang oder rechts über den Haidberg nach dem Sommerrestaurant Karlshöhe (vornehme Bedienung, Autogarage). Von hier aus wende man sich nach Reinbek. Mühlenteich mit herrlicher Umgebung.

Links Schloß Reinbek (Restaurant und Hotel). Erbaut als Kloster, diente es später als Amtssitz der dänischen Amtsverwalter sowie als Herrensitz nachfolgender Landesherren. Vor dem Schloß das Reinbeker Elektrizitätswerk (Wasserwerk). Am Bahnhof ReinbekAmtsgericht, ferner das Erholungsheim der Hamburger Ortskrankenkasse „Sophienbad".

Reinbeker Schloss mit Electricitätswerk

Sophienbad

Ungefähr 10 Minuten vom Bahnhof entfernt liegt das vornehme Sommerlokal „Landhaus" (guter Ballsaal, angenehmer Sonntagsaufenthalt), gegenüber Reinbeks vornehmstes Lokal „Kaffee Nagel" (Nachmittagskonzerte). Weitere 10 Minuten entfernt die Reinbeker Kirche. Neuzeitlicher Bau, neugothischer Stil.

Reinbek   Partie bei der Kirche

Von der Kirche ab, führt ein Weg über das Gut Silk (Ausflugslokal Niemann Silk) nach dem Hamberge (Bismarcksäule der Deutschen Studentenschaft, die hier alljährlich ihr Sommersonnenwendfest begeht). Über dem Hamberge hinaus, gelangt man nach dem Villenort Aumühle-Hofriede. Hier nimmt die Bille, von Trittau kommend, die von Schwarzenbek kommende Aue auf. (Am Bahnhof belegend Hotel „Waldesruh",

Inhaber Buschbek, reelle Bedienung, Autogarage und Fischerhaus, Weinhaus und Restaurant, Autogarage Inhaber W. Werner).

Aumühle gehört zum Amtsbezirk Friedrichsruh. Im oberen Teile des Ortes Bismarck-turm (besteigbar, herrlicher Rundblick).
Nach Friedrichsruhe gehe man links der Aue. (Hinter Schloß Friedrichsruh befindet sich das Restaurant und Pension Prohl). – Ein zweiter Weg führt von Reinbek Müh-lenteich entlang rechts am Teich vorbei nach Wohltorf. Schöner schattiger Waldweg.

(In Wohltorf angenehmer Aufenthalt im Ausflugslokal Karl Brandt). Auf dem Wege von Wohltorf nach Aumühle halte man sich rechts und versäume nicht den dort auf der Anhöhe im Wald liegenden herrlichen neuen Waldfriedhof der drei Gemeinden Wohltorf, Aumühle-Billenkamp und Friedrichsruh einen Besuch abzustatten. (Naturfriedhof, Ehrenmal für die Gefallenen im Weltkrieg der drei Gemeinden. Schön gearbeitete Mausoleen.). In Aumühle-Billenkamp angenehmen Aufenthalt bei Schumacher „Zur Waldgrotte". Von Aumühle gehe man rechts der Bahn durch das Pfingstholz nach Friedrichsruh. Am Eingang des Mausoleeums des Fürsten von Bismarck. Rechts von der Straße die Hirschgruppe. Dem Mausoleum gegenüber das Schloß Friedrichsruh, in mitten des Sachsenwaldes, Eigentum der fürstlich und Bismarckischen Familie, Geschenk des Kaisers Wilhelm I. an den Altreichskanzler. Rückfahrt mit der Eisenbahn bis Bergedorf.

GRUSS AUS FRIEDRICHSRUH.

Diese Beschreibung fand ich noch kurz vor Vollendung dieses Buches beim Probelesen, aber dieser „Kurztrip" hat es sich verdient noch Aufnahme ins Buch zu finden.
Zu einigen beschriebenen Örtlichkeiten habe ich leider keine zeitgerechten Bilder (nur aus späteren Dekaden) in meiner Sammlung/Archiv, doch es ist trotzdem eine schöne beeindruckende Wanderung geworden.

Ich hoffe Ihnen hat auch dieser „Kurztrip" gefallen.

Aus dem Original Führer durch die Gartenbauausstellung 1925

Ausflüge
in die Umgegend Bergedorfs.
Bergedorf-Reinbek-Wohltorf-Aumühle-Friedrichsruh.

In einem Tage kann man bequem eine Wanderung von Bergedorf über Reinbek, Wohltorf, Aumühle nach Friedrichsruh ausführen. Rückkehr mit der Eisenbahn von Friedrichsruh bis Bergedorf. Man gehe durch das Bergedorfer Gehölz an der Marienburg und Jägersbronnen (Ausflugslokal mit Bootsvermietung) vorbei nach der Villenkolonie Neu-Wentorf. Hinter dem Restaurant Weidmannsheil gehe man entweder an der Bahn Bergedorf-Friedrichsruh entlang oder rechts über den Haidberg nach dem Sommerrestaurant Karlshöhe (vornehme Bedienung, Autogarage). Von hier aus wende man sich nach Reinbek. Mühlenteich mit herrlicher Umgebung. Links Schloß Reinbek (Restaurant und Hotel). Erbaut als Kloster, diente es später als Amtssitz der dänischen Amtsverwalter sowie als Herrensitz nachfolgender Landesherren. Vor dem Schloß das Reinbeker Elektrizitätswerk (Wasserwerk). Am Bahnhof Reinbek Amtsgericht, ferner das Erholungsheim der Hamburger Ortskrankenkasse „Sophienbad". Ungefähr 10 Minuten vom Bahnhof entfernt liegt das vornehme Sommerlokal „Landhaus" (guter Ballsaal, angenehmer Sonntagsaufenthalt), gegenüber Reinbeks vornehmstes Lokal „Kaffee Nagel" (Nachmittagskonzerte). Weitere 10 Minuten entfernt die Reinbeker Kirche. Neuzeitlicher Bau, neugothischer Stil. Von der Kirche ab, führt ein Weg über das Gut Silk (Ausflugslokal Niemann, Silk) nach dem Hamberge (Bismarcksäule der Deutschen Studentenschaft, die hier alljährlich ihr Sommersonnenwendfest begeht). Ueber dem Hamberge hinaus, gelangt man nach den Villenort Aumühle-Hoffriede. Hier nimmt die Bille, von Trittau kommend, die von Schwarzenbek kommende Aue auf. (Am Bahnhof belegend Hotel „Waldesruh", Inh. Buschek; reelle Bedienung, Autogarage, und „Fischerhaus", Weinhaus und Restaurant, Autogarage, Inh. W. Werner.) Aumühle gehört zum Amtsbezirk Friedrichsruh. Im oberen Teile des Ortes Bismarckturm (besteigbar, herrlicher Rundblick). Nach Friedrichsruh gehe man links der Aue. (Hinter Schloß Friedrichsruh befindet sich das Restaurant und Pension Prohl.) — Ein zweiter Weg führt von Reinbek-Mühlenteich rechts am Teich vorbei nach Wohltorf. Schöner, schattiger Waldweg. (In Wohltorf angenehmer Aufenthalt im Ausflugslokal von Karl Brandt.) Auf dem Wege von Wohltorf nach Aumühle halte man sich rechts und versäume nicht den dort auf der Anhöhe im Walde liegenden herrlichen neuen Waldfriedhof der drei Gemeinden Wohltorf, Aumühle-Billenkamp und Friedrichsruh einen Besuch abzustatten. (Naturfriedhof. Ehrenmal für die Gefallenen im Weltkrieg der drei Gemeinden. Schön gearbeitete Mausoleen.) In Aumühle-Billenkamp angenehmer Aufenthalt bei Schumacher, „Zur Waldgrotte". Von Aumühle gehe man rechts der Bahn durch das Pfingstholz nach Friedrichsruh. Am Eingang das Mausoleum des Fürsten von Bismarck. Rechts von der Straße die Hirschgruppe. Dem Mausoleum gegenüber das Schloß Friedrichsruh, inmitten des Sachsenwaldes, Eigentum der fürstlich von Bismarckschen Familie, Geschenk des Kaisers Wilhelm I. an den Altreichskanzler. Rückfahrt mit der Eisenbahn bis Bergedorf.

Weitere Bücher von mir, die bisher im BOD-Verlag erschienene sind:

Malta ist nicht Malle   ISBN: 978-3848227310
Bergedorfer und Reinbeker Impressionen   ISBN: 978-3739246826
Bergedorf – das waren noch Zeiten   ISBN: 978-3732234905
Bergedorf – das waren noch Zeiten 2   ISBN: 978-3738641479
Bergedorf – die Schatzsuche   ISBN: 978-3735774859
Bergedorf – die Schatzsuche 2   ISBN: 978-3738684469
Bergedorf – Veränderungen   **ISBN: 978–3746055589**
Bergedorf – Spaziergang 1925

Ronald Hartmann

RH Cards, Magnete und Kalender
aus Bergedorf und Reinbek